AF094970

यायावर

सुयश सिन्हा

Copyright © Suyash Sinha
All Rights Reserved.

This book has been published with all efforts taken to make the material error-free after the consent of the author. However, the author and the publisher do not assume and hereby disclaim any liability to any party for any loss, damage, or disruption caused by errors or omissions, whether such errors or omissions result from negligence, accident, or any other cause.

While every effort has been made to avoid any mistake or omission, this publication is being sold on the condition and understanding that neither the author nor the publishers or printers would be liable in any manner to any person by reason of any mistake or omission in this publication or for any action taken or omitted to be taken or advice rendered or accepted on the basis of this work. For any defect in printing or binding the publishers will be liable only to replace the defective copy by another copy of this work then available.

क्रम-सूची

भूमिका	v
1. यायावर	1
2. मेरे प्रिय	3
3. सुबह	5
4. मेरे प्रभु	8
5. रेखाएँ	10
6. शाश्वत अन्धकार	12
7. बच्चा	14
8. महाप्रलय	16
9. सही और गलत	19
10. खाई	21
11. प्रेमपत्र	23
12. तन्हाई	26
13. जीवन लक्ष्य	28
14. दरार	30
15. प्रेम	32
16. कोलाहल	35
17. सारांश	38
18. मौत	40
19. ठहराव	43
20. ईश्वर की परिभाषा	45

भूमिका

मैंने अपने काव्य संग्रह का शीर्षक चुना है यायावर। इसके पीछे जो सबसे पहली सोच थी वह थी कि मैंने अपनी पहली कविता का नाम यही दिया था। मैंने अपनी पहली कविता आज से करीब ३० वर्ष पूर्व लिखी थी अपनी दूसरी नौकरी, भारत सरकार में सहायक निदेशक के पद पर ज्वाइन करते समय, जिसे मैंने एक पीएसयू या पब्लिक सेक्टर अंडरटेकिंग में २-३ वर्ष एक इंजीनियर के रूप में काम करने के बाद छोड़ने के उपरान्त चुना था। और शायद जहाँ तक मुझे याद है ज्वाइन करने के दो तीन दिन के अंदर ही, जब मैं नयी जगह पर नींद न आने की उबन दूर करने के लिए बिस्तर से उठ कर कमरे की लाइट जला कुछ आत्म निरीक्षण करने की कोशिश कर रहा था।

यायावर के लिए अंग्रेजी में जो शब्द दिमाग में आता है, वह है नोमेड (nomad), जिसका अर्थ है एक जगह से दूसरी जगह घूमते रहने वाला, जैसे खानाबदोश; वह साधु या संन्यासी जो किसी एक स्थान पर टिककर न रहता हो, बराबर घूमता-फिरता हो। पर मैंने जब अपनी पहली कविता लिखी थी उस समय मेरी परिकल्पना थी एक ऐसे व्यक्ति की, जिसका शरीर तो स्थिर हो, पर जिसका मन बराबर भटकता हो एक ठिकाने से दूसरे ठिकाने तक, शायद आतंरिक ख़ुशी या चैन की तलाश में, पर हर ठिकाने पर पहुँच कर जिसे लगता हो कि यह तो वैसा है ही नहीं जैसी उसने परिकल्पना की थी ... बिलकुल वैसी ही जैसे रेगिस्तान की मृग तृष्णा। जीवन के प्रति मेरी खुद की उस समय की अपनी समझ भी शायद प्रेरणा रही हो मेरी उस कविता की, पर उस समय पहली बार मैंने यह महसूस किया था कि जीवन भर विज्ञान के

विषयों की पढ़ाई पूरे मनोयोग से करने के बाद भी मेरे व्यक्तित्व का एक पक्ष मेरे अंदर था जिसकी मुझे अनुभूति नहीं थी। बाद में मुझे इस बात की समझ हुई कि जैसे अभिमन्यु ने सुभद्रा के गर्भ में ही चक्रव्यूह में प्रवेश करना सीख लिया था वैसे ही अपने घर के साहित्यिक माहौल में जिसमे अक्सर चर्चा होती थी कुरुक्षेत्र में युधिष्ठिर के अंतद्र्वंद्व की, साकेत में उर्मिला के संताप की और तप्तगृह में अजातशत्रु के पश्चात्ताप की, मेरे अंदर कहीं एक कोना था जिसे विज्ञान के गणितीय समीकरणों से दूर कल्पना की उड़ान अधिक सुख देती थी, क्योंकि इस एक छोटी सी कविता को लिखने के बाद मैंने एक अलग तरह की खुशी अपने अंदर महसूस की थी, कुछ सृजन करने के आनंद की तरह।

पर एक यायावर की तरह ही अगले ३० वर्ष मेरे भटकने में ही निकल गए, सिवाय इसके कि कुछ ही ऐसे अवसर आए जब मैंने अपने व्यक्तित्व के इस पक्ष को अपने को अभिव्यक्त करने का समय दिया। या हो सकता है यह भी विधि का विधान हो कि मेरी पहली कविता लिखने के समय मैं पुणे में अपनी नौकरी के पहले अनिवार्य प्रशिक्षण पर था और आज जब अपने संग्रह को एक पुस्तक का रूप देने की कोशिश कर रहा हूँ, तो आज भी मैं पुणे में ही हूँ, अपनी उसी नौकरी में उच्चतर स्तर पर पर प्रोन्नति के लिए होने वाले अनिवार्य प्रशिक्षण पर। क्या जाने यह एक संयोग है या विधि का विधान ... कौन जाने ईश्वर ने क्या लिख रखा है किसके लिए किस दरवाजे पर!

जो भी हो मेरी यह छोटी सी पुस्तक समर्पित है, सर्वप्रथम मेरे माता और पिता को जो मेरी इस पुस्तक से सबसे अधिक प्रसन्न होंगे, जिनकी विरासत मेरे इस संग्रह का सबसे बड़ा कारण है, और फिर एक लेखक के लिए सर्वशक्तिमान आप पाठकों को !!

भूमिका

सुयश सिन्हा
पुणे, २७ अप्रैल २०२२

1. यायावर

न जाने ये दिशाएं मुझे क्यों बुलाती हैं
मेरे अन्दर मेरे मन को झकझोर कर चली जाती हैं
और जब मैं पागलों की तरह बदहवास भागता हूँ
उसकी खोज में, दिशाओं के अंत की तलाश में
तो हर बार थक कर हार जाता हूँ।
और उस एकांत में मेरे साथ
सिर्फ मेरा मन होता है।
मेरे अन्दर के मन की तलाश हर बार
मेरे ही मन के पास जा कर रुक जाती है।
कभी सोचता हूँ तो समझ नहीं पाता
कि ये दिशाएं मुझे कहाँ चलने को प्रेरित करती हैं।
मेरे मन की यात्रा मेरे मन के पास
विश्राम को रूकती है या वहीं समाप्त होती है।
या फिर मै एक यायावर मरीचिका की तलाश में भटकता हूँ।
सर धुनता हूँ पर यह समझ नहीं पाता
कि रेगिस्तान किसी को नहीं छोड़ता
किसी पर कोई रहम नहीं करता
मरीचिका कभी पास नहीं आती, सफ़र ख़त्म हो जाता है।
और सफ़र के हर पड़ाव पर
जब मैं थक कर चूर होता हूँ
तो मेरा साथ देने
कोई दिशा या मरीचिका मेरे करीब नहीं होती।

मुझे सहारा देने को
सिर्फ मैं होता हूँ और सिर्फ मैं ही होता हूँ।

2. मेरे प्रिय

मेरे प्रिय !
मैंने आज तक तुझसे कुछ नहीं माँगा
पर आज मांगता हूँ
इसे मेरी अंतिम इच्छा मानकर
बेमन से ही सही, पूरी कर देना।
जब मैं चिर निद्रा में लेटा होऊं
धीरे से आ ठीक मेरे सामने
तू एक पल के लिए ही सही बैठकर
मेरी पलकों से मेरी आँखों को ढँक देना
जो सारी जिंदगी तेरे ही इंतज़ार में खुली रहीं
और इसके बाद जिसे किसी का भी इंतज़ार नहीं होगा।
और यदि ऐसा करने से पहले
तेरी आँखों के कोर गीले हो जाएँ
तो उन मोतियों को जमीन पर मत गिरने देना।
मैं प्यासा, जीते जी तो अपनी प्यास बुझा न सका
पर मरकर भी यदि तेरे उन मोतियों का पान कर सका
तो मेरा एक एक रोम तुझे सहस्रों आशीर्वाद देगा
जो मेरे लिए तेरे दो बूँद आंसुओं की आशा में
जीवन भर प्यासे ही रह गए।
यदि इतना कुछ तू कर सके
तो मैं तुझे विश्वास दिलाता हूँ
कि तेरी चिता को अग्नि मैं ही दूंगा।
तेरा अंत चाहे जब आए

पर तेरे उन दो बूँद आँसुओं का ऋण मैं नहीं भूल सकता
विश्वास रख, उन दो बूंदों की गरमाई के बदले
मेरी आत्मा ऐसा चीत्कार करेगी
कि निकले आंसुओं की गर्मी से
तेरी चिता प्रज्वलित हो उठेगी।

3. सुबह

दिन के निकलने और ढल जाने में
मैंने जिंदगी की कई सच्चाइओं को देखा है
हर सुबह अपने साथ
आशा का बीज लिए प्रस्तुत होती है
कोमल हृदय कहीं झटके में टूट न जाए
इसलिए वह आती है कोमलता के शिखर पर बैठ।
फिर कोमलता का आवरण हटता है
और सृष्टि त्रस्त होकर आश्रय ढूंढती है
ठिकाने की तलाश में
भागती है कहीं ठहर जाने को।
सूरज तो खिसक रहा है
पर असीम आकाश अनंत संभावनाएं लिए अभी साथ है।
अभी समय है, शायद अपने मन और शरीर को
थोडा आराम देने का
और फिर धीरे धीरे
सूरज के विश्राम का वक़्त आता है
उसके साथ ही कोमलता फिर आती है
और सृष्टि निश्चिन्त हो, एक पल के विश्राम के बाद
फिर बाहर आती है।
वही आकाश, निस्सीम और अंतहीन
शायद संभावनाएं अभी भी अनंत हों
पर हाय !
वे तो बीते हुए संभावनाओं की प्रतिछाया मात्र हैं।

पर अफसोस कैसा ?
क्या इसका कि तू
दिन भर संभावनाओं के अभी भी शेष होने का
संतोष ही करता रहा ?
सृष्टि का एक भी फूल तोड़ कर
अपने मस्तक को सजा न सका
पर क्यों तू सृष्टि से होड़ लेने की कोशिश में
अपने को जलाता है
तुझे शायद ये खौफ हो कि
तुझे पता ही न चला और देखते ही देखते
तेरा अंत आ गया।
पर तेरा अस्तित्व ही क्या है
जब सृष्टि की शाम को ही पता नहीं होता
क़ि उसके दामन की कालिमा को मिटाने
फिर अगले दिन सुबह होगी या नहीं
फिर तू क्या है ?
पर रो मत, अभी अंत नहीं है
तारे अभी भी टिमटिमाते हैं
और सृष्टि में अभी भी स्पंदन है
सृष्टि के अंत की बात मत सोच
जब तक सृष्टि जीवित है
हर दिन सुबह होगी
और अपने साथ आशा का बीज लिए प्रस्तुत होगी
तू हो न हो
कोई होगा जो किसी न किसी रूप में
तेरा अपना ही होगा
और उसके साथ किसी न किसी रूप में

तू भी अवश्य होगा।

4. मेरे प्रभु

मेरे प्रभु !
मैं तुझपर विश्वास नहीं करता
कभी तेरे सामने अपना मस्तक नहीं टेकता
और तू जिन जिन जगहों पर निवास करता है
उधर भूले से भी अपने कदम नहीं बढ़ाता।
फिर आखिर क्यों मुझपर तेरी कृपा है
मेरे हृदय में भी वैसा ही स्पंदन है
जैसा उनमे है
जो तेरी सत्ता पर कभी संदेह नहीं करते
तुझे नहीं देख सकने पर भी जो
तेरे होने या न होने के प्रश्न पर
कभी कोई ऊँगली नहीं उठाते ?
क्या तू इन बातों से बेखबर है
या मेरी अज्ञानता पर दया कर
तूने मुझे अखंड क्षमादान दे दिया है
कि मैं जितना अज्ञानी होऊं, तू भी उतनी ही दया करे।
यदि ऐसा है प्रभु, फिर तो
तेरी दया दृष्टि मुझ पर इसी तरह बनी रहे
इसके लिए मैं तो अज्ञानी ही भला।
लेकिन प्रभु, मुझे लगता है
कि उन ज्ञानियों के हक़ में भी यही ठीक है
कि मेरे जैसे अज्ञानी बने रहें
जो जब तब तेरी सत्ता पर प्रश्नचिन्ह लगाते रहें

क्योंकि जिस दिन आज के अज्ञानी ज्ञानी हुए
तेरी सत्ता स्वयंसिद्ध हो जाएगी
और तब, तेरी सत्ता पर कोई प्रश्न चिन्ह तो नहीं लगेगा
पर फिर तेरी व्याख्या होगी, अनुसन्धान होंगे
और जिस दिन तेरी व्याख्या संपूर्ण हो जाएगी
तू किताब के पन्नों में सिमटकर रह जाएगा।
इसलिए हे प्रभु !
मुझपर चाहे जितनी भी दया कर
तुझसे मेरा साक्षात्कार हो,
कम से कम ऐसी दया मत करना
नहीं तो उनका विश्वास टूट जाएगा
जो तुझपर सचमुच विश्वास करते हैं।

5. रेखाएँ

माँ, यदि अंत निश्चित है तो फिर दुःख कैसा
यदि जन्म के साथ ही हाथ पर तुमने मृत्यु की रेखा भी खींच दी है
फिर तिल तिल कर यह मरना क्यों ?
जिसका आना अटल सत्य है उसका इंतज़ार क्यों?
और उसके इंतज़ार में अपने वर्तमान को दुखमय क्यों बनाना?
क्यों माँ, क्यों?
क्या मृत्यु ही एक शाश्वत सत्य , क्या जीवन सत्य नहीं है?
पर एक बात पूछूँ?
जब तुमने जन्म और मृत्यु को चुनने की स्वतंत्रता मानव को नहीं दी
तो जीवन की राह चुनने की स्वतंत्रता क्यों दे दी?
क्या हाथ की रेखाओं पर
कुछ रेखाएँ तुम जीवन के अटल सत्य की नहीं खींच सकती थी?
क्या तुम्हे डर था कि फिर जीवन नीरस हो जाएगा
और तुम्हारी कल्पना से बेहतर जीवन की संभावना खत्म हो जाएगी?
ये कैसे सोच लिया माँ तुमने?
क्या सदियों से सृष्टि के एक एक जीव को
जन्म देते रहना तुम्हे नीरस लगा है?

क्या हर जन्म के साथ तुमने निर्माण का आनंद नहीं पाया है?
या फिर सदियों से मृत्यु के रूप में मुक्ति के मार्ग पर
मनुष्य को अग्रसर करते हुए तुमने कभी भी
नीरसता का भाव अपने अन्दर महसूस किया है?
मुझे उत्तर की आवश्यकता नहीं, उत्तर मेरे ही पास है
यदि एक क्षण के लिए भी तुममें नीरसता का भाव आता
तो जन्म और मृत्यु का यह क्रम
कहीं न कहीं आकर अवश्य ठहर जाता।
तुम्हे अपनी कल्पना से बेहतर
जीवन की संभावना के ख़त्म हो जाने का डर था
पर देखो इस जीवन को हमने क्या बना लिया है
क्या जीवन की तुम्हारी कल्पना इससे भी बदतर थी?
बताओ माँ, इस प्रश्न का मुझे जवाब चाहिए
अगर जीवन की तुम्हारी कल्पना इससे भी बदतर थी
तो जीवन के निर्माण का उत्तरदायित्व क्यों लिया था तुमने?
इस प्रश्न का जवाब तुम नहीं दे सकती
क्योंकि मैं जानता हूँ कि तुम इतनी पवित्र हो
कि जीवन की तुम्हारी कल्पना इतनी कलुषित नहीं हो सकती।
पर फिर तुम यह मान लो कि हाथों पर जीवन के राह की रेखाएँ न खींचकर
तुमने एक भयंकर भूल की है।

6. शाश्वत अन्धकार

हे प्रभु !
तू मेरे प्रश्नों का उत्तर क्यों नहीं देता?
आखिर कौन है तू, और कहाँ है
क्या वहाँ से तुझे अपनी सृष्टि दिखाई नहीं देती?
क्या यह दिखाई नहीं देता कि तेरी सृष्टि भूल चुकी है ऊपर उठना।
मुझे तो आशा थी कि शायद
एक दिन यह सूर्य के प्रकाश तक पहुँच
इतना आलोकित हो जाएगी कि फिर
न रात होगी, न रात की कालिमा होगी;
प्रकाश ही सर्वव्यापी होगा।
क्या तुमने निर्माण के समय यह नहीं सोचा था प्रभु
कि एक दिन ऐसा भी हो
जब कहीं अन्धकार न हो?
ऐसी भूल तू कैसे कर बैठा,
तू जो सर्वव्यापी, सर्वद्रष्टा और सर्वशक्तिमान महामानव है।
पर धीरे धीरे मैं समझने लगा हूँ
कि यह तेरी भूल नहीं थी बल्कि एक योजना थी
क्योंकि अगर तू यह भूल नहीं करता
तो शायद तेरी सृष्टि तुझे ही भूल जाती।
अन्धकार का भय ही नहीं
तो कौन याद करता तुझे और क्यों याद करता?
शायद इसीलिये आज जब तेरी सृष्टि

ऊपर उठना तो छोड़
ठहरना भी भूल अन्धकार के गर्त में गिरती जा रही है
तो तू निश्चिन्त बैठा, निर्विकार भाव से
सबकुछ देख रहा है।
पर मेरे प्रभु, सर्वद्रष्टा होकर भी
एक बात तू समझ नहीं सका कि
अभी भी प्रकाश की धूमिल याद है लोगों में
और आशा की एक किरण जीवित है।
पर जिस दिन यह किरण भी विलुप्त हुई
सृष्टि पर फिर अन्धकार ही अन्धकार होगा।
घोर अन्धकार, और उस सर्वव्यापी अन्धकार में
लोग प्रकाश को भूल जाएँगे।
उसी अन्धकार में जीने के आदी हो जाएँगे।
फिर तुझे कौन याद करेगा और क्यों याद करेगा?
फिर तू सर धुनेगा प्रभु
सर पटकेगा पर तेरी सुनने वाला कोई नहीं होगा।
सृष्टि का क्या?
उसका तो निर्माण ही हुआ है नश्वर विशेषण के साथ।
पर तू जिसका न आदि है और न ही अंत है
उस दिन क्या होगा जब तू होकर भी नहीं होगा?
हर जगह होकर भी कहीं नहीं होगा।
और सृष्टि का एक एक तिनका
तेरे प्रभाव से मुक्त होगा।
अब भी समय है प्रभु,
खींच अपनी सृष्टि को
प्रकाश की ओर, अन्धकार से दूर।

7. बच्चा

मेरे दिल के कोने में एक बच्चा है
जो वक़्त की धारा में बहना नहीं जानता,
या जानते हुए भी
शान्त पड़ा रहना चाहता है
उसे ये सुध नहीं कि
नदी तो वही है और जंगल भी वही
जंगल के पेड़ भी वही
पर ऋतुएँ बीत चुकीं,
यह दिल के उस कोने को खबर ही नहीं।
नदी की जिस धारा में उसने उन्मुक्त क्रीड़ा की थी
वह धारा तो कब की सागर में विलीन हो चुकी।
सामने बहती नदी में तो
कल के पिघले ग्लेशियर का पानी बह रहा है।
जंगल तो वही हैं
पर जंगल के जिन पेड़ों पर
कभी आम के मंजर फलते थे,
अब तो उनके आम देने की उमर भी बीत गयी है।
सामने के पेड़ों में लगे फल
वे तो सालों पहले वहां लगे पेड़ों की
निशानी हैं और उनके बीजों से पैदा हुई हैं।
सच तो यही है कि सामने का दृश्य बिल्कुल वही है
पर कुछ भी वही नहीं है।
लगता तो है प्रकृति में

सब कुछ ठहरा हुआ और स्थाई।
पर सृष्टि वक़्त के साथ
कदम से कदम मिला कर चलती है।
शायद प्रागैतिहासिक काल की इस सृष्टि को भी
वक़्त की हम आधुनिक मानव से
ज्यादा समझ है।

8. महाप्रलय

हे ईश्वर!
ये अजब सृष्टि बनाई तुमने
और उससे भी गजब ये कैसे जीवन का निर्माण किया।
तुमने चाँद सितारे और ग्रह बनाए
फिर किसी को ठंढक दी और किसी को आग
किसी को पत्थर सा सख्त
तो किसी को रुई के फाहे जैसा मुलायम
किसी को हवा दी, पानी दिया
और किसी को जहरीली गैस से भर दिया
कहीं ऊँचे पर्वतों का निर्माण किया तो कहीं गहरी खाई बनाई
कहीं मीठे पानी का सोता तो कहीं खारे पानी का समन्दर
कहीं बर्फ तो कहीं उबलते लावे का ज्वालामुखी।
क्या यह सब किसी योजना से किया
या बेतरतीबी से तुम निर्माण करते चले गए
बिना देखे, बिना सोचे कि
पिछले क्षण तुम्हारी शिल्पकला ने कौन सी आकृति गढ़ी थी।
फिर जब बारी आई जीवन के निर्माण की
तो तुमने इससे भी ज्यादा बेतरतीबी दिखाई
छोटे जीव बनाए तुमने, फिर और बड़े जीव
जो उन छोटे जीवों का नाश कर सकें
फिर कुछ और बड़े जीव जो उन थोड़े बड़े जीवों का काल बने

फिर जो कालचक्र के विध्वंस से बचे रह गए
तुमने खुद उनका विध्वंस किया।
पर महा विध्वंस के बाद भी
निर्माण की तुम्हारी इच्छा वैसी की वैसी ही बनी रही।
तुम जीव बनाते - छोटे, बड़े, कुछ और बड़े
अलग अलग प्रकृति के, अलग अलग रंगों के
फिर जब सब कुछ ठीक चल रहा होता
तब होती तुम्हारे महा प्रलय की कृपा
और झटके में सब कुछ नष्ट कर देते।
पर अब बहुत हो गया भगवन
मानता हूँ, तुम एक सच्चे शिल्पकार हो
जिसे निर्माण की हवस है
ऐसा निर्माण जो संपूर्ण हो, दोषरहित हो
शायद इसीलिए तुम्हारे लिए निर्माण के सुख से भी बड़ी हो
यह चाह और आशा कि विनाश कर तुम अपनी सृष्टि को
और भी संपूर्ण, और भी दोषरहित बना सको।
पर एक बात नहीं सोची तुमने
लोग तुम्हे पूजते हैं, जानते हो इसका सबसे बड़ा कारण
वे मानते हैं कि तुम्हारे निर्मित हर जीवन से ऊपर
तुम्हारा एक अलग अस्तित्व है और
तुम पूर्ण ही नहीं एक संपूर्ण सत्ता हो।
पर भूलो नहीं कि तुम्हारी बनाई सृष्टि अब नयी नवेली नहीं रही
पुरानी हो चुकी विध्वंस की इस निरंतरता को देखते देखते
और जिस दिन तुम्हारी गढ़ी हुई मूर्तियों को यह विश्वास हो गया
कि तुमने उन्हें एक दूसरी मूर्ति का विध्वंस कर रचा है

और ऐसा तुमने एक बार नहीं
बल्कि बार बार किया है
उस दिन उन मूर्तियों को अपने शिल्पकार को
जिसे उन्होंने सर पर बिठा रखा था
उसे नीचे उतारते देर नहीं लगेगी।
अब भी समय है रुक जाओ
बंद करो इस विध्वंस को, महा प्रलय को
चाँद सितारों और रंग बिरंगे जीवन की यह सृष्टि
अपूर्ण है, फिर भी बहुत खूबसूरत है।

9. सही और गलत

नुक्कड़ की दूकान से
डबलरोटी चुराकर भागता बच्चा
और उसका पीछा करती भीड़
कौन सही - बच्चा या फिर भागती भीड़।
जीवन के नैतिक मूल्य अक्सर शाश्वत प्रतीत होते हैं
पर सबसे बड़ा शाश्वत सत्य है जीवन स्वयं
और उससे भी बड़ा शाश्वत सत्य है
जीवित रहने की भूख।
फिर जीवित रहने को की गयी चोरी
समाज के नैतिक मूल्यों का उल्लंघन तो हो सकती है
पर क्या अप्राकृतिक? शायद नहीं।
क्या शेर हिरन का शिकार नहीं करता?
क्या एक भूखा शेर किसी दूसरे जीव के
जीने के हक़ पर आक्रमण नहीं करता?
फिर क्या है सही और क्या है गलत
शायद व्यर्थ है इसकी खोज
सही और गलत को परिभाषा के दायरे में नहीं बाँधा जा सकता.
ऐसा शायद वो कर सकें जो इस भ्रम में जीते हैं
कि समाज के उत्थान का दायित्व ईश्वर ने उनके कन्धों पर डाल रखा है।
पर सही और गलत की सरलतम परिभाषा
अगर कोई हो सकती है

तो वह आती है मनुष्य के अन्तर्मन से
यदि कोई काम कर तुम अपने अन्तर्मन से
आँख उठा कर रूबरू हो सकते हो तो वह सही है।
क्या पेट की भूख मिटने के लिए की गयी चोरी गलत है
नहीं, क्योंकि उसके बाद उसकी अंतरात्मा उसपर थू थू नहीं करेगी
रोएगी अवश्य, पर इसलिए नहीं कि उसने चोरी की
पर इसलिए कि वह इतना असहाय है
कि सम्मान से जी भी नहीं सकता.
और अगर समाज इसपर उसे गाली दे
ऐसे समाज का उसके लिए कोई औचित्य नहीं।
थूकने दो समाज को तुमपर
पर जीवन की रक्षा - अपनी या दूसरों की
मानव का सबसे उदात्त कर्त्तव्य है।
सही या गलत की पहचान के लिए
सामाजिक मान्यताएं कभी भी मापदण्ड नहीं हो सकतीं
यदि तुम्हारी अंतरात्मा तुम्हे कुछ करने को प्रेरित करे तो वह काम सही
और यदि तुम्हारी अंतरात्मा तुम्हे धिक्कारे तो वह काम गलत
बस! यही सत्य है और बाकी सब कुछ बेमानी।

10. खाई

तुम एक पल के लिए मेरी जिंदगी में आई
और तुम्हे देखने के बाद अकस्मात् मुझे लगा
अगर मेरे अंदर की खाई कोई भर सकती है
तो यह तुम हो।
इस अनुभूति मात्र ने मेरे अंदर मानो इतना उत्साह भर दिया,
लगा जैसे मैंने अपनी जिंदगी के खोए हुए साल पा लिए।
मेरी उदासीन मानसिकता को शायद ही कोई चीज़ आकर्षित कर पाती
पर एकाएक मैंने पाया जीवन के प्रति एक ललक, एक अदम्य उत्साह
पूरी जिंदगी मैंने अपने को बाहर से समेटकर ही
सारी ऊर्जा संचित की थी।
यह मेरा स्व ही था
जो मेरे टूटते विश्वास को सहारा देता।
पर उस दिन मैंने पहली बार महसूस किया
कि मेरे अन्दर एक घाव है
जो नासूर की तरह मुझे खोखला किए जा रहा है
और बेरहम नियति!
उसने मुझे अपने अन्दर की इस गहरी खाई से मेरा परिचय तो करा दिया
पर जो इसे भर सकता था उससे ही मुझे दूर कर दिया।
अगर तुम एक पल के लिए ही सही

मेरी जिंदगी में न आती
तो शायद मेरे विश्वास की बेल न टूटती।
पर तुम तो जैसे आई
मुझे ललकारा - यह है तुम्हारे विश्वास की असलियत,
इतनी गहरी खाई जिसे तुम अपनी पूरी शक्ति झोंक कर भी भर नहीं सकते
और बस! दूर चली गयी।
अरे अगर मैंने जमीन पर रहकर आसमान में होने की कल्पना की थी
तो तुम्हे क्या हक़ था मुझे यह अहसास दिलाने का
कि मैं आसमान में नहीं
बल्कि जमीन पर गिरा हुआ
एक मामूली व्यक्ति हूँ औरों की तरह।

11. प्रेमपत्र

आज फिर तुम्हारी बहुत याद आ रही है
और शायद तुम यह विश्वास न कर सको
पर मेरी कलम तभी चलती है जब तुम मेरे ख्यालों में होती हो।
बरसों पहले जब मैंने लिखना शुरू किया था
तब भी अमूर्त रूप में तुम्ही थी मेरे सामने
और आज भी जब मैंने कागज़ के पन्ने पर कुछ उतारने की कोशिश की है
तो मानो धुंध से निकलकर तुम्हारा ही चेहरा
मेरा ध्यान अपनी ओर खींच ले जाता है।
सच कहूं, तुम्हे मैं भूल नहीं पाता
तुमने मेरे अन्दर की सर्जनात्मक प्रतिभा को
बाहर निकलने को प्रेरित किया है
या कहूं, शायद मजबूर किया है
क्योंकि मुझे कभी किसी ने इतना प्रभावित नहीं किया
जो मुझे कुछ करने को मजबूर कर दे।
पर एक बात कहूं, तुम शायद अंदाजा नहीं लगा सकती
कि यह स्वीकार करने में मेरा स्व कितना आहत हुआ है
मैं तुमसे तो झूठ कह सकता हूँ
पर क्या अपने आप से झूठ कह पाऊँगा
क्या कह पाऊँगा कि तुमने मेरे हृदय में एक कोई स्पंदन पैदा नहीं किया

पर अभी भी शायद मैं ये नहीं कह पाऊँ कि मुझे तुमसे प्रेम हो गया है।
सोचता हूँ क्यों, क्या यह मेरी जिद है, अहंकार है
जो मुझे ऐसा कहने से रोकती है?
यह जानकर हैरत हुई
कि तुम्हें सच जानने में कोई दिलचस्पी है
उससे भी बड़ी हैरत यह कि तुम एक क्षण के लिए ही सही
दोषी मानने को उन्मुख हो सकते हो।
या शायद तुम्हारी कलम यूँ ही चल गई
क्योंकि जानती हूँ तुमने एक बार लिखने के बाद
उसे दोबारा तो बिलकुल भी नहीं पढ़ा होगा।
तुम शायद कुछ भी स्वीकार करना ही नहीं चाहते
और अगर कुछ स्वीकार किया तो उसपर टिक नहीं सकते
तभी एक बार कुछ लिखने के बाद तुमने कभी उसे दोबारा नहीं पढ़ा
कहीं कुछ काटना न पड़ जाए।
पर यह तो सोचो कि दूसरा क्या मतलब निकाले तुम्हारे उन पत्रों का
क्या करे उनका रद्दी की टोकरी में फेंकने के सिवा
क्योंकि पत्र लिखने के समय के जो तुम होते हो
वह उसके जवाब में लिखे गए पत्र के पढ़ते समय के तुम से
बिलकुल अपरिचित होता है
तुम्हे दोष नहीं देती लेकिन इस छोटे से अंतराल में
एक या दो नहीं, बल्कि कई मनः स्थितियों से हजार चुके होते हो तुम।
फिर बताओ, कोई दूसरा किसे संबोधित करे

तुम्हारी कौन सी मनोदशा या अवस्था का ध्यान रखे
और फिर उसे मालूम भी कैसे हो
कि तुमने किस किस दिन कौन से पड़ाव लांघे?

12. तन्हाई

मेरी तन्हाई मुझे चैन नहीं लेने देती
जब भी मेरे अन्दर कुछ टूटता है
मुझे सहारा मेरी तन्हाई ही देती है
और मेरे विश्वास का संबल भी वही होती है
तब मेरे साथ कोई व्यक्ति नहीं
कोई ईश्वर भी नहीं
जो मेरे अन्दर प्राण वायु का पुनः संचार कर सके।
पर हर बार जब मेरे टूटे हुए अंश का
फिर से निर्माण कर मेरी तन्हाई
उसे नया जीवन देती है।
लगता है मेरे अन्दर
कहीं कुछ खोखला हो जाता है
और कहीं कोई खाई सी बन जाती है
समझ नहीं पाता यह क्यों होता है।
कहीं इस खोखलेपन के पीछे
इस खाई के बनने का कारण
जीवन निर्माण की वह ऊर्जा तो नहीं
क्योंकि ऊर्जा तो ऊर्जा है
कहीं निर्माण करेगी तो कहीं विध्वंस भी।
और तब मुझे अपनी तन्हाई से डर लगता है
मैं दूर भागता हूँ उससे
पर हर बार वह मानो मेरे कानो में चीख
अपने पास लौट आने का निमंत्रण देती है

और मैं मंत्रमुग्ध सा चल पड़ता हूँ उस आवाज की दिशा में।
क्या यही नियति है मेरी या मेरी तन्हाई ने मुझे कोई नशा
दे दिया है
और मैं बार बार उस नशे की हालत से उबरकर
जब दूर भागता हूँ उससे
तो वह मुझे खींचती है फिर उसी नशे में चूर होने को।
या फिर मेरी जिंदगी की डोर है उसके पास
और बस कठपुतली की तरह नाचते रहना ही मेरा भाग्य है।
कभी यह भी सोचता हूँ कि
ये सब स्थितियां और परिस्थितियां जो मुझे डंक मारती हैं
सब मेरी अपनी ही सोच की उपज हैं।
कितना अच्छा होता अगर मैं
जिंदगी के हर क्षण को - बुरा या भला, जीना सीख लेता
कुछ टूट भी जाए तो गम नहीं
उसे जोड़ने की या फिर से जीवित करने की
चिंता व्यर्थ है
क्योंकि टूटे हुए अंश के साथ भी
जब तक साँस है
जिन्दगी बहुत खूबसूरत है।

13. जीवन लक्ष्य

मैं क्या करूँ जिसे सामने खड़ा वर्तमान दिखाई ही नहीं देता
दिखाई देती है तो सिर्फ पूर्व की स्मृतियाँ
या फिर दूर खड़ा भविष्य।
पर क्या पूर्व की स्मृतियाँ अर्थहीन नहीं
और उतने ही अर्थहीन नहीं उनके सुखद या दुखद अध्याय
और भविष्य, जिसकी तलाश में भटकता मैं भूल जाता हूँ
कि उस भविष्य का एक एक पल
जीना हर एक को वर्तमान में ही है
और अगर मैंने सामने खड़े वर्तमान को जीना नहीं सीखा
तो भविष्य का हर एक पल
एक दिन मेरे सामने से वर्तमान होकर ही गुजरेगा
और पीछे चला जाएगा, बिलकुल अनछुआ
सामने खड़े वर्तमान की ही तरह।
शायद मैं किसी पूर्वाग्रह से ग्रस्त हूँ
जो मुझे वह करने से रोकता है जो मैं करना चाहता हूँ
और मुझे मजबूर करता है यह सोचने को
कि जीवन लक्ष्य मैं कैसे प्राप्त करूं
पर इतना बड़ा बोझ लिए मैं तो कभी कभी सोच भी नहीं पाता
कि मेरा जीवन लक्ष्य आखिर है क्या
और कभी तो स्थिति इतनी असहाय हो जाती है
कि मैं सिवाय उस बोझ के बारे में सोचने के
और कुछ कर भी नहीं पाता.

पर क्या सचमुच हमारे जीवन की डोर
हमारे हाथ में है
जीवन की डोर तो जिस महामानव के हाथ है
उसके मन की थाह भी नहीं ले सकते हम
हम तो बस कठपुतलियाँ हैं
जिन्हें रंगमंच पर उतार दिया गया हो
और रंगमंच का सबसे बड़ा सत्य है
कि पर्दा अवश्य गिरेगा
चाहे तालियाँ बजे या न बजें
पर्दा गिरने तक का ही पल है
हर एक किरदार के पास
तब भी यदि लक्ष्य अप्राप्ति की यंत्रणा भोगनी ही है
तो बेहतर है यह यंत्रणा
आज के किरदार को पूरी तरह जीते हुए भोगी जाए।
क्योंकि कल के किरदार की कल्पना में
आज के किरदार को तिलांजलि देना
न सिर्फ अन्याय बल्कि व्यर्थ है
क्योंकि अगर आज तालियाँ नहीं बजीं
तो कल का क्या
किसे पता अगली शाम के रंगमंच पर
पर्दा उठेगा भी या नहीं
और अगर उठे भी तो उसका किरदार उसे ही मिले
या कोई दूसरा कलाकार
मंच पर आ खड़ा हो उसकी जगह।

14. दरार

जब सामने के सभी दरवाजे बंद हो जाएँ
और कोई रास्ता न दिखे
तब भी दरवाजे के चौखटों की दरारों से
हवा आती है।
कभी गर्मी की दुपहरी की झुलसाती हवा
तो कभी कलेजे को ठंढक पहुंचती सर्द हवा
और कभी इन दरारों से बारिश की बूँदें अन्दर आकर
बरसात के भीगे मौसम का भी अहसास करा जाती है।
और बंद कमरे का अन्धकार?
यह भी स्थाई नहीं होता
सूर्योदय के साथ ही हो जाती है शुरू
सूरज की किरणों की आँखमिचौली
जिनसे कमरे का हर कोना
रह रहकर प्रकाशित होता जाता है
और ध्यान से देखने से
बाहर के चमकते सूर्य के दर्शन भी हो जाते हैं।
और रात की कालिमा में
जब पूरी सृष्टि में अन्धकार व्याप्त हो
तब इन दरारों से
थोड़ा नहीं बल्कि पूरा चाँद भी दिखाई दे जाता है
ईश्वर न तो बेरहम है और न ही अन्यायी
ये हवाएँ, बारिश की बूँदें
सूरज और चाँद

सृष्टि के हर कोने को छूती हैं, भिगोती हैं
और आलोकित करती जाती हैं
कहीं भूले से भी कोई कोना छूटता नहीं
और ईश्वरप्रदत्त यह जिंदगी भी
कभी दरवाजे पूरी तरह बंद नहीं करती
सिर्फ रास्ते कभी कभी तंग
और संकरे हो जाया करते हैं।

15. प्रेम

वो मेरी नजरों के सामने
अनजान कि मैं उसे देख रहा हूँ
सिर्फ देख ही नहीं बल्कि
उसके साथ अपनी जिंदगी के ख्वाब बुन रहा हूँ।
उसकी आँखों की गहराई और उनकी चमक
मेरे लिए एक रहस्यमयी चुनौती हैं
कभी तो उनमे इतना विषाद
मानो जीवन की हर पीड़ा का
प्रतिबिम्ब बन रहा हो उनमे
और अगले ही क्षण असीम उल्लास की ऐसी चमक
जो सामने हर एक को
परम आनंद की चरम अवस्था की अनुभूति करा दे।
अद्भुत है आनंद और विषाद का
ऐसा संपूर्ण व्युत्क्रमण उसकी आँखों में
चेहरे पर ऐसी मुस्कराहट
जो फैलकर आँखों में उतर जाए
ऐसी आवाज जो कानों में
अंतहीन प्रतिध्वनि पैदा कर दे।
जितना ही देखता हूँ मैं उसे उतनी ही
रहस्यमयी चादर में लिपटी दिखाई देती है मुझे।
अगर किसी ने मेरी कलम को कागज़ के पन्ने पर
अपनी भावनाएं उतारने को प्रेरित किया है, तो यह वही है
अगर कोई है जो मुझे परम आनंद की

उच्चतम अवस्था तक पहुंचा सके, तो यह वही है
अगर कोई मुझे इस जगत की सबसे दयनीय
और भाग्यहीन सृष्टि होने का अहसास करा सके, तो यह वही है
अगर कोई मुझसे मेरे शरीर की साँसे मांगे
और मैं सहर्ष अर्पित कर दूं, तो यह वही है।
पर हाय! ये कैसा दुर्भाग्य
कि मुझमे हिम्मत नहीं कि मैं कह सकूँ
कि मैं उससे प्रेम करता हूँ.
पर उसकी खूबसूरती क्या सिर्फ उसकी है?
क्या संगीत के सात सुरों में संगीतकार की
या फिर नृत्य के भावों में नर्तकी की
दिल को छू लेने वाली शिल्पकला में शिल्पकार की
या मंत्रमुग्ध कर देती पेंटिंग में चित्रकार की
कला को भूल सकते हैं हम?
फिर उसकी खूबसूरती में
उसके रचनाकार को कैसे भूले कोई।
पर फिर मैं प्रेम किससे करूँ
इश्वर की उस अदम्य कृति से
या फिर उस रचनाकार ईश्वर से।
तभी शायद मैं कह नहीं पाता
कि मैं उससे प्रेम करता हूँ
ईश्वर की इस अदम्य कृति से मेरा प्रेम
शायद मेरा भ्रम है
वास्तव में मैं नतमस्तक हूँ
उस ईश्वर के समक्ष
वह महान रचयिता

जिसने तुम्हे गढ़ा,
तुम्हारा निर्माण किया
और जिसने फिर उसमे प्राण फूंके।

16. कोलाहल

ईश्वर की इस सृष्टि में
एक अजीब अव्यवस्था।
हर तरफ कोलाहल, हर तरफ शोर
हर एक जीव दुसरे से भिन्न
हर एक जगह दूसरी जगह से अलग
हर गृह, हर तारे - सब अलग अलग।
शायद ईश्वर ने कोई ऐसी मशीन नहीं बनाई
जिससे हर दूसरी वस्तु, हर दूसरा जीव
पहले के समान रचा जा सके
आश्चर्य है फिर ईश्वर ने
इतनी विशाल रचना का जाल कैसे फैलाया होगा।
पर इस अराजकता के अन्दर
सूक्ष्मतम स्तर पर एक विलक्षण व्यवस्था भी दिखाई देती है
हर जीव में एक समान आँख और कान
सूंघने के लिए वही नाक
हाथ, पैर और पेट
हर शरीर में प्रवाहित रक्त
और भी सूक्ष्म स्तर पर हर शरीर में वही कोशिकाएं
और वही संवेदी तंत्र
हर वस्तु में भी वही कुछ तत्त्व
और अंत में वही अणु और परमाणु।
मधुमखियों और टिड्डों के झुण्ड में

जो बेतरतीब कोलाहल पैदा करते हैं
उनमे भी एक अप्रतिम व्यवस्था है
और इसका आभास सूक्ष्मतम स्तर पर ही हो सकता है।
लोग कहते हैं, ईश्वर हर जगह है
हर वस्तु में और हर जीव में
पर इसका मतलब कभी समझ नहीं पाया
ईश्वर की इस प्रकट अव्यवस्था में
सूक्ष्मतम स्तर पर ऐसी व्यवस्था देख
लगता है सचमुच ईश्वर हर वस्तु में
और हर जीव में विद्यमान है।
बस यह देखने या महसूस करने
ब्रम्हांड की हर कृति या विधा के गूढ़ में जाना होगा
अब समझ आता है
कि संगीत के सात सुरों से खेलते संगीतज्ञ को
मंच पर लय पर थिरकती नर्तकी को
कैनवास पर रंग बिखेरते कलाकार को
मूर्तियाँ गढ़ते शिल्पकार को
या फिर एक ध्यानमग्न सन्यासी को
कैसे ईश्वरीय अनुभूति हो जाती है।
हम ईश्वर की सत्ता तलाशते हैं
मंदिरों, मस्जिदों और गिरिजाघरों में
आश्चर्य है यह नहीं समझ पाते
कि ईश्वर को ढूंढना व्यर्थ है
ईश्वर के होने की
बस अनुभूति की जा सकती है
सिर्फ अहसास!
सृष्टि को हम जितने सूक्ष्म स्तर से देख सकें

ईश्वर की यह अनुभूति उतनी ही
साफ और स्पष्ट दिखाई देगी
पर यह सिर्फ एक व्यक्तिगत अनुभूति होगी
और एक व्यक्तिगत अहसास!

17. सारांश

कहानी के सारांश में
कहानी की आत्मा जीवित नहीं रह सकती।
हाँ, कहानी की भी आत्मा होती है
यह सिर्फ कागज़ के सफेद पन्नों पर
स्याही के आड़े तिरछे चिह्न भर नहीं
उनमे एक पूरा जीवन होता है
और यह जीवन ठीक वैसा ही है
जैसा हमारे हाड़ मांस के शरीर की
धमनियों में प्रवाहित रक्त
और फेफड़ों से गुजरती अविरल प्राणवायु
एक संपूर्ण जीवन का निर्माण करती हैं।
तभी तो कहानियां हमारे रोंगटे खड़ी करती हैं
कभी मन में किलकारियां तो कभी
हमारे हृदय को दुःख के बादल से ढँक देती हैं
कभी हमारे मन में जोश पैदा करती हैं
तो कभी अगाध घृणा
और कभी ऐसा प्रेम जो शायद किसी
साक्षात चरित्र से भी न किया जा सके।
पर क्या कहानी के सारांश में
दो पात्रों के प्रेम की कोमल भावनाएं उतारी जा सकती हैं
या फिर उन भावनाओं को उकेरा जा सकता है
जो हमारे अन्दर भय की सिहरन
या वीर रस का जोश जगती हैं

या फिर उन भावनाओं को
जो हमारे अन्दर आशा के दीप जलती हों
या फिर श्रध्दा से हमें नतमस्तक कर देती हों।
किसी दूसरे जीवन को समझने के लिए
कभी कभी एक जीवन भी काफी नहीं होता
फिर किसी के जीवन का सारांश
क्या कोई कागज़ के चार पन्नों पर उतार सकता है भला!
और जब जीवन का सारांश नहीं लिखा जा सकता
फिर कहानी के सारांश में भला क्या जीवन
इन सारी भावनाओं के बिना
कहानी के सारांश की भी वही गति है
जैसी चार पन्नों में लिखी
किसी व्यक्ति की पूरी जीवनी
नीरस और अधूरी
भावहीन और प्राणरहित!

18. मौत

सुना था मरते वक़्त
स्मृति की रेखाएं
धुंध पर खीची लकीरों की तरह
बिलकुल स्पष्ट हो जाती हैं।
सच है, बचपन की धुंधली यादें
जो समय के गर्त में
न जाने कहाँ खो गयीं थी
आज सब याद आ रही हैं।
माँ की लोरी
और पिता के कन्धों से लटककर
झूला झूलना
माँ के सीने से चिपक सारे दर्द भूल जाना
और पिता की ऊँगली पाकर
मानो जीवन के सारे भय से मुक्त हो जाना
सब कुछ वैसे ही साफ दिखाई देते हैं
जैसे मानो घर के कोने में पड़े पुराने आईने की
धूल साफ कर दी हो किसी ने।
साथ ही याद आता है
माता की आँखों का संतोष
जब उन्हें यह अहसास होता है कि
बेटा, उनका बेटा अब बड़ा हो गया है
उसे अब मेरी सुरक्षा नहीं चाहिए
अपनी सुरक्षा वह स्वयं कर सकता है

अपनी क्या, अपने अपनों को भी वही कवच दे सकता है
जो उन्होंने कभी उसे दी थी।
पिता का गर्व से भरा सीना भी याद आता है
जा उन्होंने हर एक आगंतुक से, और मित्र से
अपने बेटे का फिर से परिचय करना नहीं भूला था।
और अंत में .....
साँसे जब थोड़ी और धीमी होती हैं
तब याद आते हैं
माता की आँखों के आंसू
और पिता के आँखों की कातरता
जब वे बेटे का घर छोड़
फिर से अपने पुराने आशियाने में
अपने बीते जीवन के चिन्हों में
अपनी ख़ुशी ढूंढ रहे होते हैं।
हाय, स्मृति की ये रेखाएं
कहाँ विस्मृत हो गयी थीं
वे आयीं भी तो तब
जब मैं मृत्यु शय्या पर लेटा
असहाय अपने लिए अगले जीवन की
प्रतीक्षा भर कर रहा था
इतना असहाय कि दूसरों के क्या
खुद के आंसू भी नहीं पोंछ सकता था।
काश! और कुछ नहीं तो
कम से कम माता की आँखों के आंसू
और पिता के आँखों की अव्यक्त कातरता
स्मृति के चक्रव्यूह से
पहले ही बाहर आ जातीं

तब शायद उस वक्त मेरी आँखों के कोर गीले नहीं होते
मृत्यु शय्या पर तब मुझे
अपनी आँखों के आंसुओं के कष्ट के बिना ही
शायद इस नश्वर जीवन से मुक्ति मिल पाती।
काश मैंने यह समझ लिया होता
कि जीवन चक्र में धीरे धीरे समय आता है
जब साथ चलते हुए भी
साथी पीछे छूटते जाते हैं
और क्षितिज के पार उनके
विस्मृत होने भर का समय होता है
जब पीछे मुड़ कर हम
उनकी आँखों में उन्हें
अंतिम विदाई दे पाएं
वर्ना कौन अजेय है और कौन अमर
बेरहम सृष्टि चक्र
जीवन के सारे अनुभव सबकुछ देती है
सिवाय जिंदगी फिर जीने के।

19. ठहराव

कभी ऐसी भी जिंदगी जी के देखो
जो निर्दय और क्रूर हो।
पर यह निर्दयता और क्रूरता
किसी व्यक्ति या जीव के प्रति नहीं
बल्कि अपनी भावनाओं
जिसमे विद्रोह हो हर उस बेड़ी के लिए,
जो तुम्हे बांधकर आगे बढ़ने से रोकती हो।
वह करने से रोकती हो जिसे तुम्हारे हृदय की स्वीकृति हो
हर उस पल के लिए
जो तुम्हारे जीवन के रंग में दुःख के बादल लाती हो।
ऑखें खोलो और बस भागते जाओ बदहवास
तोड़ डालो वह बेड़ी और लांघ जाओ वह पल
क्योंकि जीवन सिर्फ एक है
और जिंदगी सिर्फ तुम्हारी
पर कर सकोगे ऐसा?
क्योंकि इस जीवन के पीछे का सच?
वह भी उतना ही बेरहम है
जीवन आनंद है
और जीवित होने की अनुभूति परमानन्द
पर क्या भागते हुए
और हर पल खुली आँखों से
तुम इस विश्व का सामना कर सकते हो?
याद रखो - भागने की भी एक सीमा है

किसी के रोके भले ही न रुको तुम
ठहरना तो होगा ही तुम्हे।
कितना भी भागो, पृथ्वी की सीमा नहीं लाँघ सकते तुम
भागने को तुम्हे सपने भी देखने होंगे
और अगर सपने देखने हैं
तो ऑंखें बंद भी करनी होंगी
इस जगत को कोई चिंता नहीं
तुम्हारी आँखों में तैरते
तुम्हारे सपनों और तुम्हारे आदर्शों की
तुम्हे स्वयं ही तय करना होगा
कि किन सपनों के पीछे भागोगे तुम
और कब रुकोगे
क्योंकि भागते हुए
न तुम अपने आदर्शों के बारे में सोच सकते हो
और न खुली आँखों से सपने बुन सकते हो।

20. ईश्वर की परिभाषा

सदियों से हमने
ईश्वर को नए नए रूपों में
परिभाषित किया है।
कभी उसे मंदिरों के पाषाणों एवं मूर्तियों में
तो कभी गिरिजाघर और गुरुद्वारों में
और कभी मक्का और मदीने में।
पर हम भूल जाते हैं कि जब
सृष्टि एक है और सृष्टि का हर जीवन एकरूप है
तो फिर ईश्वर की इन अलग अलग परिभाषाओं का
क्या अर्थ और क्या औचित्य।
ब्रम्हांड की हर वस्तु में
नदी में, पहाड़ों में
समतल या गहरी खाई में
हिमशिखर या गहरे समुद्र में
पृथ्वी की इस गोलाई में
हर पल इस घूमती पृथ्वी या
चमकते सूरज और चाँद में
पूर्णिमा और अमावस्या में
या फिर इसके साथ होते ज्वारभाटा में
या फिर संगीत के सात सुरों में
हमारे शरीर की हर कोशिका में
और हर उठती गिरती सांसों में
कोई शक्ति है जो लगातार बिना रुके

इन सब में स्पंदित हो रही है।
ये अहसास - क्या यही काफी नहीं है
कि हम उस शक्ति के सामने नतमस्तक हो
भूल जाएँ कि इससे इतर भी कोई सत्य है
या किसी सत्य की आवश्यकता है?
ब्रम्हांड किसी नियम से अवश्य बंधा है
क्योंकि बिना किसी नियम के
सृष्टि में ऐसी निरंतरता और व्यवस्था अकल्पनीय है।
पर क्या उस नियम की व्याख्या हम कर सकते हैं
जो खुद भी उसी शक्ति की रचना है।
हमारी सोच, हमारी व्याख्याएँ सब दिग्भ्रम हैं
सृष्टि की व्याख्या सृष्टि के भीतर रहकर नहीं की जा सकती
सृष्टि के कण कण में बसे इस स्पंदन को
महसूस करने के सिवाय
उस शक्ति या ऊर्जा का हम छोर भी नहीं पा सकते।
फिर यह स्वीकार कर लेना कि हम अज्ञानी हैं
और कभी भी उस सत्य के गूढ़ तक
नहीं पहुँच सकते, जिस सत्य की रचना
उस महामानव, परमज्ञानी ने की है,
यही है सबसे बड़ा ज्ञान
और सबसे बड़ा सत्य।

www.ingramcontent.com/pod-product-compliance
Lightning Source LLC
LaVergne TN
LVHW041715060526
838201LV00043B/752